CÓSTA CHIARRAÍ

Evening Echo　　The Kingdom　　

Thomas Crosbie Holdings Limited

Acknowledgements

Thanks to:
Anthony Dinan, Brian, Valerie, Emma, Sean and Kate St Ledger; Bridget and the team at Fungi Dolphin Tours;
Caoimhe Foley; Caroline & Tracey Burgess; Deirdre, Paudie, Shaun, Morna and Ciara O'Connor; Denis Cronin;
Denis Galvin; Diarmuid Bearaid; Dooks Golf Links; Eileen McGillicuddy; Geraldine O'Sullivan and the team at Puck Fair
2009; Greg Cunningham; Hugh Callaghan; Irish Lifeguards Niall Hogan, Johnny Bugler, Jen Higgins; Jack, Abie, Kara,
Vanessa and Paul Finn; James & Catherine McCarthy, Digimac Photography; Katarina Walter; Kenmare Tourist Office;
Kevin T. Honeyman and all at Fenit RNLI; Liam Lynch, Barry Rose and all at Tralee Bay Sailing Club and the Irish Cruiser
Racing Association; Micheal Kavanagh; Michael Walsh; Mike Shea; Noreen Heffernan; Owen Kiely, Chloe Powell and
the team at Skellig Surf School; Paddy Quinlan; Ray Ross and the Seafari Crew; Richard Foran, Irish Lights;
Rosemary Bradshaw; Saoirse Burgess McCarthy; Seamus Kelleher, Gallarus Visitors Centre; Sean & Thecla Cronin;
Sean and Darragh French; Sean Brendán O'Conchuir and all at Tigh TPs; Seanín Johnson; Simon Duffy and all at
Ballybunion Golf Course; Sinead Cantwell; Ted Sheehan; Timothy Foster; Tom Durcan; Tom Scanlon;
Triona Crowley; Willy, Caroline and Josephine Kennedy.

Published 2009
By Echo Publications (Cork) Ltd
City Quarter, Lapps Quay, Cork
A Thomas Crosbie Holdings Ltd Company

ISBN: 978-0-9562443-0-7

Text by Diarmuid O'Donovan
Design and layout by Damien Callender, Magikspell.com
Printed in Ireland by City Print, Cork

www.coastofkerry.ie

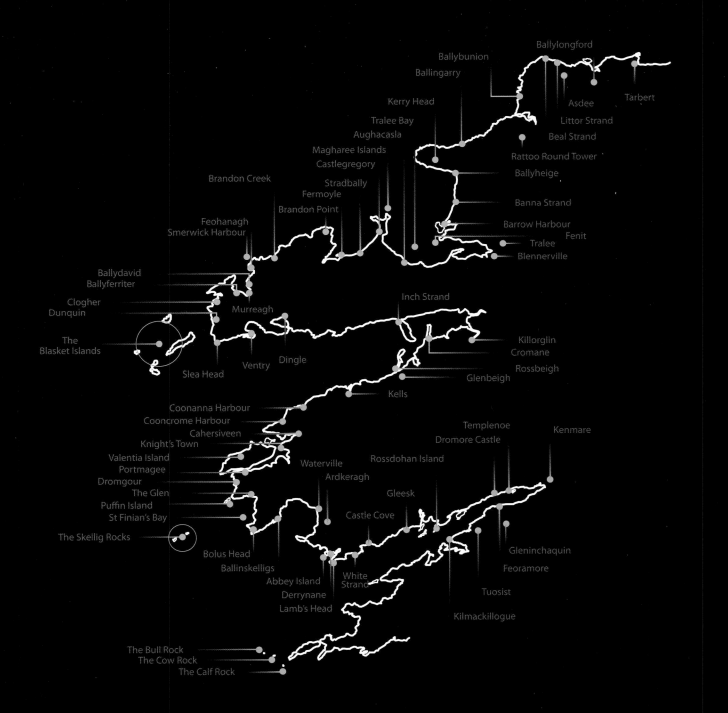

Ballylongford

Ballybunion

Ballingarry

Kerry Head

Tralee Bay

Aughacasla

Magharee Islands

Castlegregory

Brandon Creek

Stradbally

Fermoyle

Brandon Point

Feohanagh

Smerwick Harbour

Ballydavid
Ballyferriter

Clogher
Dunquin

The
Blasket Islands

Murreagh

Ventry

Dingle

Slea Head

Asdee

Tarbert

Littor Strand

Beal Strand

Rattoo Round Tower

Ballyheige

Banna Strand

Barrow Harbour

Fenit

Tralee

Blennerville

Inch Strand

Killorglin
Cromane

Rossbeigh

Glenbeigh

Kells

Coonanna Harbour

Cooncrome Harbour

Cahersiveen

Knight's Town

Valentia Island

Portmagee

Dromgour

The Glen

Puffin Island

St Finian's Bay

The Skellig Rocks

Bolus Head

Ballinskelligs

Abbey Island

Derrynane

Lamb's Head

Waterville

Ardkeragh

White
Strand

Castle Cove

Templenoe

Dromore Castle

Rossdohan Island

Gleesk

Gleninchaquin

Feoramore

Tuosist

Kilmackillogue

Kenmare

The Bull Rock

The Cow Rock

The Calf Rock

JOLEEN CRONIN

Joleen Cronin has grown up by the sea in Crosshaven, County Cork.

Joleen graduated from the BA Multimedia degree in Cork Institute of Technology in 2004 and since then, has travelled and sailed extensively around the world. She has also spent time living in New Zealand, Holland and London and has worked in the areas of graphic design and photography.

Coast of Kerry is her second book which follows the popular *Coast of Cork* .

When she isn't photographing, Joleen is busy working in her family pub, Cronin's of Crosshaven.

It has been a wonderful challenge photographing the Kerry coast. This journey has allowed me to appreciate even more the natural beauty and the fantastically entertaining and special people who live and visit our special island.

Thanks to everyone who helped to make the Coast of Kerry possible; the Evening Echo, my family and friends and the amazing and colourful people I met along the way. You have been an inspiration."

Joleen Cronin

FOREWORD

The coast of Kerry offers so much treasure to painter, photographer and poet, indeed to any mind susceptible to splendour made by nature or by man. Before philosophy and religion were so named, its magnificence had turned men to solitude and, in that peace, to thought of heaven here on earth.

It bred a rugged people to match its surging hills and coast. Its topography threw such a challenge to its dwellers that it made for heroes with great deeds to tell. Deeds that were recorded in the memory of their peers and passed down the vivid recall of descendents to this day.

But now the art of telling is being lost in floods of detail from our time. Those storytellers carrying on the pictures from our past, made art from life and its location, from people and plain facts.

In place of verbal story, our time has brought the visual to the fore. Foremost in storing history in the making; the recording of our footprint on the beauty of the world, is the modern storyteller: the photographer who makes graphic the scenes that we create, as well as those of places that have existed through all time.

As the seanachaí recorded events with artistic refinement, so Joleen Cronin's pictures add a cultivated style that polishes and highlights the truth in all she sees. There is little distortion here, no bending of the subject to fit some preconceived theme. There is truth and beauty to the story she portrays of a coast that stands impervious to thoughts of beauty or distain.

It is there because it is, and she has caught it as it is, nothing added, nothing lost, but the whole framed with an eye that understood the work of the great American photographers Ansel Adams and Edward Weston

Perhaps it was the manner in which she made her odyssey that created the unique feeling in this collection. Setting out in spring from the Kenmare River she sailed in and out of the myriad inlets of this serrated south-west coastline, walking the locations and then sailing on until she finished at Tarbert on the two mile wide estuary of the Shannon River.

But it is not just coast and countryside that receive the attention of her lens. Her urban, or rather village landscapes, with unusual light and shade are captivating, as are the occasional reflection on man and beast.

This coast and its hinterland has inspired so many photographers to take the obvious views, but Joleen has brought, literally, a different angle to the task, and all the well known places, together with the many new locations, have a freshness and vividness that make for an uplifting, thoughtful reflection on what must be one of the most beautiful and interesting coastlines in existence.

I am sure this book will be a wonderful record for visitors to take home to remind them of our Kingdom, and it will stimulate the interest of others to come and experience the reality of its rare and beautiful treasures.

RÉAMHRÁ

Cuireann cósta Chiarraí fíor-sheoid ar fáil do phéintéir, do ghrianghrafadóir agus d'fhile, i ndáiríre d'aon aigne atá tugtha d'aoibhneas de chuid an nádúir nó a rinne an duine daonna. Sula bhfuair an fhealsúnacht agus reiligiún a n-ainmneacha úd, bhí a niamhracht tar éis daoine a dhíriú ar aonarachas agus, sa síocháin sin, ar smaoineamh ar neamh anseo ar an domhan.

Chuir sé muintir garbh ar an saol a bhí i gcomhoiriúint lena chnoic agus a chósta suaite. Chuir an topagrafaíocht ann a chónaitheoirí faoi dhúshlán chomh mór sin gur chruthaigh sí laochra le sceálta faoi éachtaí móra le hinsint. Éachtaí a taifeadadh i gcuimhne a bpiaraí agus a cuireadh ar aghaidh go beoga ó ghlúin go glúin chomh fada leis an lá atá inniu ann.

Ach faoi láthair tá ceird an tseanchais á chailliúint de bharr sonraí iomarcacha na linne seo. Chruthaigh na scéalaithe a bhíodh ag tabhairt na bpictiúr ón am atá caite ar aghaidh, ealaín as an saol agus a lonnaíocht, as daoine agus as an bhfírinne lom.

In áit scéalta i bhfocail, tá an ré seo tar éis an ghné amhairc a thabhairt chun cinn. Is ag an scéalaí nua-aimseartha a bhfuil tús áite ag stóráil na staire de réir mar a tharlaíonn sí; ag taifeadadh ár lorg coise ar áilleacht an domhain: an grianghrafadóir a chuireann cuma ghrafach ar na radhairc a chruthaímid, mar aon leo siúd a bhaineann le háiteanna a bhí ann i gcónaí.

Mar a chuir an seanachaí imeachtaí i dtaifead le deismíneacht ealaíonta, is amhlaidh a thugann pictiúir de chuid Joleen Cronin stíl shaothraithe a chuireann snas ar agus a aibhsíonn an fhírinne i ngach rud a fheiceann sí. Is beag dícumtha atá anseo, ní chuirtear isteach ar an ábhar ar chor ar bith chun a bheith in oiriúint le téama réamhcheaptha éigin. Baineann fírinne agus áilleacht leis an scéal a léiríonn sí de chósta a sheasann ann gan glacadh le smaoinimh ar áilleacht ná ar mhílíthiú.

Tá sé ansin ar an ábhar sin, agus tá sí tar éis breith air de réir mar atá sé, gan aon rud a chur leis, gan aon rud a chailliúint, ach an rud iomlán frámaithe le súil a thuig obair na ngrianghrafadóirí Meiriceánacha Ansel Adams agus Edward Weston.

B'fhéidir gurbh é mar thoradh ar an mbealach ar a rinne sí a hodaisé a cruthaíodh an mothúchán uathúil sa bhailiúchán seo. Ag tosú ar a turas di san earrach ón Ribhéar chuaigh sí ag seoltóireacht isteach agus amach as na cuaisíní iomadúla de líne chósta an iardheiscirt fhiaclach seo, ag siúl trí na láithreacha agus ansin ag seoltóireacht ar aghaidh go dtí gur chríochnaigh sí ag Tairbeart ar inbhear Abhann na Sionainne ar leithead dhá mhíle.

Ach ní hamháin an cósta agus an tuath a dtugann a lionsa aird orthu. Tá na tírdhreacha uirbeacha, nó sráidbhaile i ndáiríre uaithi, le solas agus scáth neamhghnách tarraingteach, mar atá an léiriú a thugann sí ar dhaoine agus ar ainmhithe ó am go chéile chomh maith.

Tá an cósta seo agus a chúlchríoch tar éis inspioráid a thabhairt don oiread sin grianghrafadóirí chun na radhairc shoiléire a thógáil, ach tá Joleen tar éis tabhairt faoin tasc ó uillinn dhifriúil, go liteartha, agus tá úire agus gléineacht ag na háiteanna gurb eol dúinn go maith mar aon le ag an méid suntasach láithreacha nua, a chabhraíonn chun léiriú a thugann ardú meanman, agus atá smaointeach a chur os ár gcomhair faoi áit ar dhócha go gcuimsíonn sí ceann de na línte cósta is áille agus is suimiúla ar dhrom an domhain.

Táim cinnte go mbeidh an leabhar seo mar thaifead iontach do chuairteoirí le tabhairt abhaile leo d'fhonn bheith mar chuimhneachán ar ár Ríocht, agus spreagfaidh sé daoine eile chun teacht agus taithí a fháil ar nádúr iarbhír a chuid seod annamh agus álainn.

Louis Mulcahy
World renowned potter, based near Clothar, Dingle, Co. Kerry

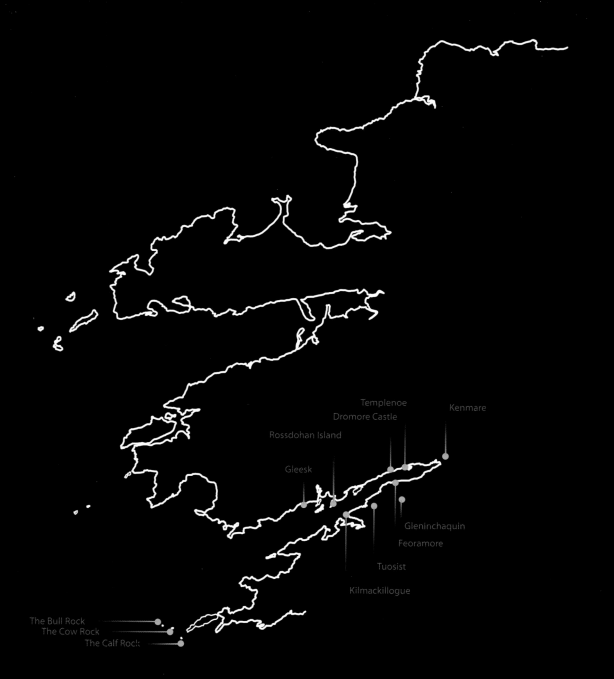

Templenoe

Dromore Castle

Kenmare

Rossdohan Island

Gleesk

Gleninchaquin

Feoramore

Tuosist

Kilmackillogue

The Bull Rock

The Cow Rock

The Calf Rock

KENMARE RIVER AND BEYOND...

Our journey begins at the south-westerly point of the Kenmare River at the Bull, the Cow and the Calf Rocks. Although these islands are part of County Cork, they are a major feature of the horizon as one looks out from the southern side of the Iveragh Peninsula. The coast of Kerry proper begins at Kilmakilloge Harbour. Where the magnificent views can be enjoyed from the tiny hamlets of Tuosist and Lauragh.

From there we move east along the coast to the town of Kenmare or An Neidín. The town is magnificently situated at the point where the River Roughty opens into the estuary of the Kenmare River. It was founded in 1670 by Sir William Petty on land assigned to him by the English Government. Apart from the beauty of its own setting, Kenmare is also an ideal centre for exploring the beauties of the Kenmare River

We turn at Kenmare and head west again and make our way along the southern shore of the Iveragh Peninsula past Dunkerron Castle, through the village of Templenoe and finish this leg of our journey at Sneem.

The Irish name for the town "An tSnaidhm" translates into the English "The Knot". It is thought that the name is derived from the Sneem River which flows through the village. It is said that a knot-like swirling takes place when the river meets the currents of Kenmare Bay in the estuary just below the village.

Sneem was the venue for the state funeral of Former President Cearbhall Ó Dálaigh who resided in the area prior to his death in 1978. The town was also visited many times by former French President Charles de Gaulle and there is a sculpture commemorating this in the village. There is also a striking statue of Steve "The Crusher" Casey. He was the most famous member of the Casey family of rowers and athletes. He held the world heavyweight wrestling title on five separate occasions between 1938 and 1947.

Tosaíonn ár dturas ag pointe aniar-aneas An Ribéir ag carraigeacha an Tairbh, na Bó agus an Ghamhna. Cé gur cuid de Chontae Chorcaí iad na hoileáin seo, is gné shuntasach iad d'fhíor na spéire nuair atáthar ag féachaint amach ón taobh theas de Leithinis Uíbh Ráthaigh Tosaíonn cósta Chiarraí i gceart ag Cuan Chill Mhocheallóg, áit ar féidir taitneamh a bhaint as na radhairc áille ó na gráigeanna bídeacha i dTuath Ó Siosta agus sa Láithreach.

As sin bogaimid soir i dtreo an chósta go baile An Neidín. Tá an baile suite ar bhealach álainn ag an bpointe ina n-osclaíonn an Ruachtach isteach in inbhear an Ribhéir. Ba é Sir William Petty a bhunaigh an baile sa bhliain 1670, ar thalamh a bhronn Rialtas Shasana air. Seachas áilleacht a shuímh féin, is idéalach an áit é An Neidín chun áilleachtaí an Ribhéir a thaiscéaladh.

Casaimid sa Neidín ag dul siar arís agus tugaimid aghaidh ar an mbealach le hais cladach theas Leithinis Uíbh Ráthaigh thar Caisleán Dún Chiaráin, trí sráidbhaile An Teampaill Nua agus cuirimid críoch leis an gcuid seo dár dturas sa Snaidhm.

Aistríonn an leagan Gaeilge d'ainm an tsráidbhaile "An tSnaidhm" go dtí "The Knot" sa Bhéarla. Ceaptar go dtagann an t-ainm ó Abha na Snadhma a shníonn tríd an sráidbhaile. Deirtear go bhfeictear cruth guairneánach ar chuma snadhma nuair a castar an abhainn ar fheachtaí Bhá an Neidín san inbhear díreach laistíos den sráidbhaile.

Bhí An tSnaidhm mar láthair na socraide stáit don Iar-Uachtarán Cearbhall Ó Dálaigh a mhair sa cheantar i gcaitheamh na tréimhse roimh bháis dó sa bhliain 1978. Is iomaí cuairt a thug Iar-Uachtarán na Fraince, Charles de Gaulle, ar an mbaile chomh maith agus tá dealbh á chomóradh suite sa sráidbhaile. Chomh maith le sin tá dealbh suntasach ann de Steve "The Crusher" Casey. Ba é siúd an ball ba chlúiteach de mhuintir Uí Chathasaigh a bhí ina n-iomróirí agus lúthchleasaithe. Bhí teideal na hiomrascála trom-mheáchain ina sheilbh aige cúige uaire ar leith idir 1938 agus 1947.

THE BULL ROCK

Going through the archway of the Bull Rock; part of the Bull, Cow and Calf Rocks

The Calf Rock with Dursey Island, Co. Cork in the background

THE COW ROCK

The Cow Rock with the Bull Rock in the distance.

KILMACKILLOGUE

Lauragh Bridge, Kilmackillogue

Views of Kilmackillogue

KILMACKILLOGUE

KILMACKILLOGUE HARBOUR

TUOSIST

Hydrangea blooming outside Tuosist Post Office

Diarmuid Bairead hitching a lift across the Healy Pass towards Kenmare

The Healy Pass looking towards the Kenmare River   THE HEALY PASS

GLENINCHAQUIN

Cloonee Loughs, Derreen Gardens

Gleninchaquin Park

GLENINCHAQUIN

GLENINCHAQUIN *View from Gleninchaquin Park, overlooking the Cloonee Loughs and out to Kenmare River*

FEORAMORE

Moody Blue!

View of Beara and Kenmare River from the Healy Pass

FEORAMORE

Kenmare

Kenmare Town

Colourful bowls for sale in Kenmare Town

A tranquil spot near Kenmare Town

KENMARE

Night life in Kenmare Town

Sheen Bridge, Kenmare

A quiet pier near Kenmare

Kenmare Stone Circle

Entrance to the Kenmare River

KENMARE RIVER

KENMARE RIVER   *Turtle Island*   *Seals in Kenmare River*

Seafari skipper, Ray Ross explains the seals behaviour

TEMPLENOE

Coss Strand, Templenoe

Dromore Castle

ROSSDOHAN ISLAND & PIER

Rossdohan Pier

Boats at Rossdohan Island

ROSSDOHAN ISLAND & PIER

Jumping from Oysterbed Pier, near Sneem

View from the bridge in Sneem

Statue of wrestler, Steve "The Crusher" Casey in Sneem Town

SNEEM TOWN

Flower-baskets in Sneem Town

Sneem based artist, Rosemary Bradshaw

SNEEM TOWN

Ruined cottages at Gleesk Pier

Gleesk Pier

Sneem

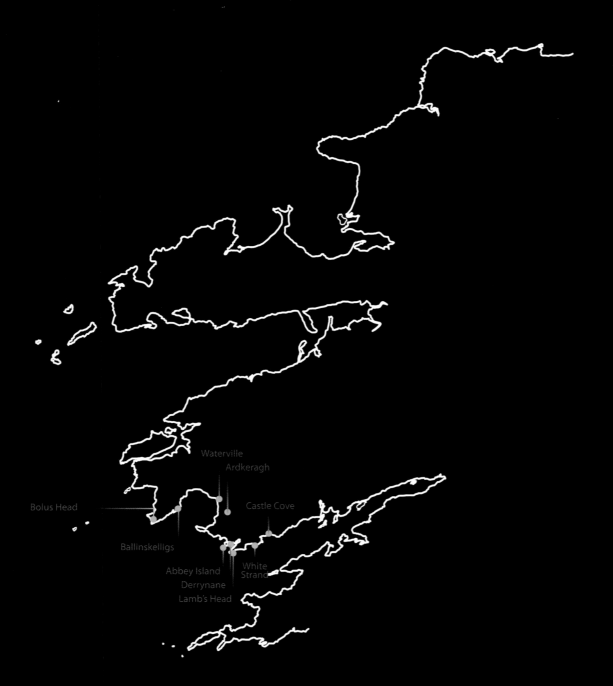

Waterville

Ardkeragh

Castle Cove

Bolus Head

Ballinskelligs

Abbey Island

White
Strand

Derrynane

Lamb's Head

CASTLE COVE AND BEYOND...

Castle Cove, which takes its name from a small harbour with an unfinished castle, is a resort on an inlet of scenic Kenmare River. The coast has created natural rock pools and there are exquisite sandy coves dotted underneath the cliffs.

As we continue west, we pass the sandy beaches of Lamb's Head and come to the historic and scenic Derrynane National Park. Derrynane House, the home of Daniel O'Connell, The Liberator is situated here. He is arguably the most important Irish political figure of the 19th century. It was as a result of his efforts that Catholic Emancipation, which allowed Catholics the right to vote, was won. Copper ore was mined in the area, and the first mines date back 4,000 years.

Moving beyond Derrynane and Hog's Head we arrive in Ballinskelligs Bay where Waterville, the principle town in the district, is situated. Waterville is renowned as a holiday destination. It was a favourite haunt of silent movie star Charlie Chaplin and a statue in his honour has been erected in the town.

The village of Ballinskelligs lies on the northern side of the bay. Long sandy beaches overlooked by rugged mountain bogs are features of this area. There are also many remnants of early settlements including prehistoric and early Christian sites and the ruins of a castle that was once a stronghold of the MacCarthy clan.

Bolus Head marks the western tip of Ballinskelligs Bay. To the west of Bolus lie Deenish and Scarrif Islands and immediately to the north is the wild and rugged St Finian's Bay. He was an Irish monk who had been trained in Iona, Scotland. He became Second Bishop of Lindisfarne and died 9th February, 661.

Is aonad í sráidbhaile An tSiopa Dhuibh ar chuaisín de chuid an Ribhéir ardscéimhe, a ghnóthaíonn a ainm ó chuan beag le caisleán neamhchríochnaithe air. Tá locháin charraige nádúrtha cruthaithe ag an gcósta agus tá cuasa gainmheacha fíoráille scaipthe faoi bhun na haillte.

De réir mar a leanaimid orainn siar, gabhaimid thar tránna gainmheacha Cheann an Uain agus sroichimid láthair stairiúil agus ardscéimhe Pháirc Náisiúnta Dhoire Fhionáin. Tá Teach Dhoire Fhionáin, baile Dhónaill Uí Chonaill, An Fuaiscailteoir lonnaithe anseo. Níl dabht ann ach gurb é siúd an figiúr polaitiúil Éireannach is tábhachtaí de chuid na 19ú haoise. Ba léir gur mar thoradh ar a chuid iarrachtaí siúd a gnóthaíodh Fuscailt na gCaitliceach, a thug ceart vótála do Chaitlicigh. Dheantaí mianadóireacht ar mhian chopair sa cheantar, agus téann na chéad mianaigh siar 4,000 bliain.

Ag bogadh ar aghaidh ó Dhoire Fhionáin agus Ceann Muice sroichimid Bá Bhaile an Sceilg áit ina bhfuil An Coireán, an príomh-bhaile sa dúiche, suite. Tá clú agus cáil ar an gCoireán mar láthair saoire. Ba bhreá le haoi na balbhscannán Charlie Chaplin a bheith ag teacht chun cuairte ar an gceantar agus tá dealbh ina onóir curtha in airde sa bhaile. Tá sráidbhaile Bhaile an Sceilg suite ar thaobh thuaidh an bhá. Tá tránna gainmheacha fada le hais portaigh sléibhe garbha mar ghnéithe den cheantar seo. Tá go leor iarsmaí chomh maith de lonnaíochtaí luatha lena n-áirítear suímh réamhstairiúla agus na luath-Chríostaíochta agus fothraigh caisleáin a bhí mar dhúnfort ag teaghlach Mhic Cárthaigh tráth.

Léiríonn Ceann Bhólais an pointe iartharach de Bhá Bhaile an Sceilg. Suite siar ó Bhólas tá Oileáin Deenish agus na Scairbhe agus díreach ó thuaidh tá ceantar fiáin agus garbh de chuid Bhá Fhíonáin. Ba mhanach Éireannach é a fuair a chuid oiliúna ar Oileán Í, san Albain. Bhí sé mar Dhara Easpag Lindisfarne agus cailleadh é ar an 9ú Feabhra, 661.

CASTLE COVE.

View across Castle Cove

White Strand at dusk

WHITE STRAND

LAMB'S HEAD

Summer's day at Lamb's Head

View across Lamb's Head

LAMB'S HEAD

LAMB'S HEAD PIER

Paradise Found
Drop on down

A little piece of paradise!

'Hang Ten' at Carroll's Cove

Derrynane House, the ancestral home of Daniel O'Connell 'The Liberator'.

Derrynane House National Historic Park

DERRYNANE   *Derrynane Beach*

DERRYNANE

Abbey Island church and graveyard, Derrynane

Abbey Island church and graveyard, Derrynane

LIFEGUARD

Niall and Johnny, the lifeguards at Derrynane Beach

Derrynane Beach

DERRYNANE

The majesty of Derrynane Harbour

BUNAVALLA PIER   *View from Bunavalla Pier*

HOG'S HEAD

View across Hog's Head

Slip-way at Rinneen Point

Pointacanvallig   HOG'S HEAD

HOG'S HEAD   *Pointacanvallig, Hog's Head looking across to Scariff and Deenish Islands*

LOHER FORT

Ruins at Loher Fort

Eightercua Stone Row, Waterville

WATERVILLE   *Bronze statue of Charlie Chaplin, Waterville*   *Tile mosaic, Waterville*

Views of Waterville and Inny Strand

WATERVILLE

WATERVILLE

Inny Strand

REENROE

Reenroe Beach

Peek-a-boo!

skellig surf school

Surf's up!

BALLINSKELLIGS

The beach at Ballinskelligs

View from Ardkeragh overlooking Ballinskelligs Bay

BALLINSKELLIGS PIER

Cill Rialaig artists retreat in Ballinskelligs

Scariff and Deenish Islands, seen from Cill Rialaig

SCARIFF & DEENISH ISLANDS

Dolphins playing in St. Finian's Bay

St. Finian's Bay, The Glen

ST. FINIAN'S BEACH

ST. FINIAN'S BAY

The Glen, St Finian's Bay

"Alice" moored in Boat Cove with the Skellig Rocks in the distance

PUFFIN ISLAND

PUFFIN ISLAND

Keeping a close eye on Puffin Island

Puffin Island at Summer Solstice

PUFFIN ISLAND

Knight's Town

Valentia Island

Portmagee

Dromgour

The Glen

Puffin Island

St Finian's Bay

The Skellig Rocks

Bolus Head

The Skellig Rocks & the Western Islands

In 490AD, Duach, King of west Munster, took refuge at the Skelligs Rocks, when pursued by Aengus, King of Cashel. This is the earliest mention of the Skelligs in Irish history. Skellig Micheal has been a place of pilgrimage and penance for many years. In the 18th century pilgrims were coming from all over Europe at Easter-time to say the Stations of the Cross before finally kissing a stone carving overhanging the sea at the 'Needles Eye'. It is now a World Heritage Site. The Little Skellig is equally renowned in matters of ornithology as the home of some 27,000 pairs of gannets – the second largest colony of such seabirds in the world.

Two lighthouses were built on the islands in the early part of the 19th century. The upper light was 121.3m above high water and seen from a distance of 40 kilometres. The lower light was 53.3m above high water and seen from a distance of 30 kilometres.

Puffin Island is at the north-western tip of St Finian's Bay. The tall cliffs on all sides make the island difficult to access and puffin, rabbits and sea-pink abound.

Valentia Island is the largest of the islands off the Iveragh Peninsula. The slate quarry opened in 1816, provided one of the main sources of income for the island. This quarry was used to supply flagstones and roof slates for some of the most famous buildings in the world, including the House of Commons at Westminster. In 1857 the first ever trans-Atlantic link was laid and it came ashore on Valentia. This allowed direct communication between Europe and the New World. The island has been connected to the mainland by a bridge near the south-western end of Portmagee Channel since 1970.

Portmagee, or An Caladh which means 'the Ferry', is a small village at the southwest tip of the Portmagee Channel. It derives its English name from Captain Theobald Magee, a notorious 18th century smuggler.

Sa bhliain 490AD, ghlac Duach, Rí Iarthair na Mumhan, tearmann ar Sceilg Mhichíl nuair a bhí Aengus, Rí Chaisil, sa tóir air. Is í seo an tráchtaireacht is luaithe de Charraigeacha na Sceilge i strair na hÉireann. Tá Sceilg Mhichíl ina suíomh oilithreachta agus aithrí le fada an lá. San 18ú haois thagadh oilithreachtaí ó cheithre chúinne na hEorpa um Chásca chun tabhairt faoi Stáisiúin na Croise roimh póg a thabhairt ar deireadh do snoiteán cloiche ag crochadh thar an bhfarraige ag 'Cró na Snáthaide'. Tá an láthair ina Suíomh Oidhreachta Domhanda anois. Tá an oiread céanna clú ar An Sceilg Bheag i dtéarmaí éaneolaíochta agus í mar ghnáthóg ag thart ar 27,000 péire gainéad – an dara cóilíneacht is mó dá leithéid d'éanlaith mhara ar domhan.

Tógadh dhá theach solais ar na hoileáin sa chuid níos luaithe den 19ú haois. Bhí an solas uachtarach 121.3m os cionn an uisce agus é le feiceáil ó fhad 40 ciliméadar. Bhí an solas íochtarach 53.3m os cionn an uisce agus é le feiceáil ó fhad 30 ciliméadar.

Tá Oileán na gCánóg suite ag an bpointe aniar-aduaidh de Bhá Fhíonáin. De bharr na haillte arda atá mórthimpeall air is deacair rochtain a fháil ar an oileán agus tá puifíní, coiníní agus caoróga mara go flúirseach ann.

Is é Oileán Dhairbhre an t-oileán is mó atá suite amach ó Leithinis Uíbh Ráthaigh. D'oscail an cairéal slinne sa bhliain 1816, agus é ag soláthar ceann de phríomh-fhoinsí ioncaim an oileáin. Úsáideadh an cairéal seo chun leaca agus slinnte dín a sholáthar do roinnt de na foirnimh is cáiliúla ar domhan, lena n-áirítear Teach na dTeachtaí i Westminster. Sa bhliain 1857 leagadh an chéad nasc tras-Atlantach agus tháinig sé i dtír ar Oileán Dhairbhre. Thug sé seo deis don chumarsáid díreach idir an Eoraip agus an Domhan Nua. Tá an t-oileán ceangailte ag droichead leis an mórthír in aice leis an taobh aniar-aneas de Chainéal an Chalaidh ón mbliain 1970.

Is sráidbhaile beag é An Caladh, a chiallaíonn 'the Ferry', atá suite san iardheisceart de Chainéal an Chalaidh. Faigheann sé a ainm Béarla ón gCaptaen Theobald Magee, smuigleálaí clúiteach na 18ú haoise.

THE SKELLIG ROCKS

Skellig Michael Lighthouse

Decommissioned lighthouse on Skellig Micheal

Richard Foran, Lighthouse Keeper

THE SKELLIG ROCKS

THE SKELLIG ROCKS

Keeping a watchful eye...

The Skellig Rocks at the Summer Solstice

THE SKELLIG ROCKS

THE SKELLIG ROCKS

Little Skellig

Little Skellig

Gannets on Little Skellig

THE SKELLIG ROCKS

The puffin colony on Skellig Michael

Taking flight off Skellig Michael

THE SKELLIG ROCKS

THE SKELLIG ROCKS   *Monastic settlement on Skellig Michael*

Steps to the monastary on Skellig Michael

Skellig Michael   THE SKELLIG ROCKS

THE SKELLIG ROCKS

Foilhommerum Bay, Valentia Island; the site of the first transatlantic telegraph cable

VALENTIA ISLAND

Fogher Cliffs, Valentia Island

Fort Point Lighthouse, Valentia Island

View over Valentia Harbour from Geokaun Mountain   VALENTIA ISLAND

VALENTIA ISLAND

Reengarriv Point, Valentia Island

Valentia Slate Quarry

VALENTIA ISLAND

The tetrapod fossil trackway (footprints) near Lissycrimeen Beach, Valentia Island

View over Valentia Harbour from Portmagee

VALENTIA ISLAND

PORTMAGEE

Portmagee Harbour by night

Fishing boats in Portmagee Harbour

PORTMAGEE *View over Valentia Harbour*

REENARD POINT

Reenard Point, Cahersiveen

Fishing trawler at Reenard Point, Cahersiveen

REENARD POINT

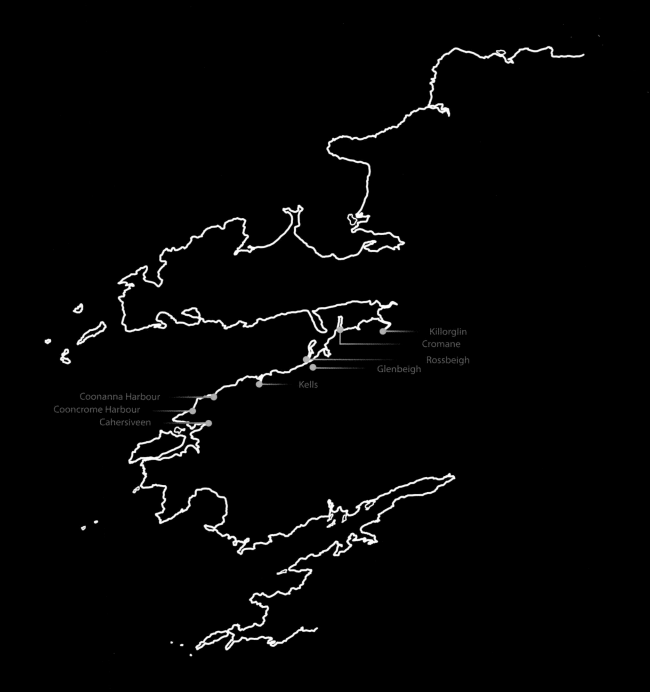

Killorglin
Cromane

Rossbeigh

Glenbeigh

Kells

Coonanna Harbour
Cooncrome Harbour
Cahersiveen

Cathair Saidhbhín agus níos sia ar aghaidh

CAHERSIVEEN AND BEYOND...

Cahersiveen is the principle town of the Iveragh Peninsula. The town has a long and colourful main street as well as an excellent marina and good harbour facilities.

Leacanabuaile, a stone fort nearby, is one of the best examples of a fort of its kind in Ireland.

Ballycarbery Castle is a ruined 16th century structure, believed to have been built by the McCarthy Mores to replace an earlier building known to have existed on the site as early as 1398. The castle is remarkably eroded by wind and rain, but there are still intact stairways and a large chamber partially underneath the hill.

Kells Bay is east of Cahersiveen. It has a fine view of the Dingle Penisula and the cove below has tall elegant oaks and pines bordering a secluded sandy beach. After this comes Rossbeigh and Glenbeigh where a sand spit stretches out into Dingle Bay and provides sandy beaches and dunes as a haven for holiday makers.

Further along the coast is the town of Killorglin. It is the venue for one of Ireland's most unusual festivals - Puck Fair. The fair is one of Ireland's oldest and longest celebrated, and is held without fail on 10th, 11th and 12th August every year. It is believed that the fair existed long before written records. The king of Puck Fair, a mountain goat, is borne in triumph and enthroned for two days. Why is a goat the king of the fair? Local stories tell that in the 17th century a stampeding herd of mountain goats warned the locals of the invasion by the Cromwellian forces.

Tá Cathair Saidhbhín mar an príomh-bhaile ar Leithinis Uíbh Ráthaigh. Tá príomhshráid fada agus ildaite ag an mbaile mar aon le muiríne den chéad scoth agus áiseanna calafoirt maithe.

Is é Leaca na Buaile, dúnfort cloiche in aice láimhe, ceann de na samplaí is fearr de dhúnfort dá leithéid in Éirinn.

Is fothracha struchtúir na 16ú haoise é Caisleán Bhaile Uí Chairbre, a ceaptar a thóg muintir Mhic Cárthaigh Uí Mhóra chun seasamh in áit foirgneamh níos luaithe a bhíodh ina sheasamh ar an láthair chomh luath leis an mbliain 1398. Tá creimeadh suntasach déanta ag an ngaoth agus ag an mbáisteach ar an gcaisleán, ach tá staighrí an chaisleáin fós le feiceáil mar aon le seoimrín mór faoi bhun an chnoic.

Tá Bá na gCeall suite soir ó Chathair Saidhbhín. Tá radharc álainn aige ar Leithinis an Daingin agus tá crainn darach agus péine breátha arda ag seasamh sa chuas laistíos mórthimpeall ar thráth gainmheach cúlráideach. Ina dhiaidh seo tá Ros Beithe agus Gleann Beithe áit a shíneann neart gainimh amach go Bá an Daingin agus é ag soláthar tránna agus dumhcha gainmheacha mar láthair tearmainn don lucht saoire.

Níos faide ar aghaidh le hais an chósta tá baile Chill Orglan. Is é seo an láthair do cheann de na féilte is neamhghnáiche in Éirinn – Puck Fair. Tá an fhéile seo ar cheann d'fhéilte is sine agus is mó ceiliúrtha na hÉireann, agus reáchtáiltear é gan teip ar an 10ú, 11ú agus 12ú Lúnasa gach bliain. Creidtear go mbíodh an fhéile ar siúl i bhfad roimh na taifid scríofa. Déantar rí na féile, gabhar sléibhe, a iompar i gcathréim agus é ríte ar feadh tréimhse dhá lá. Cén fáth go bhfuil gabhar mar rí na féile? Dé réir an tseanchais áitiúil bhí táinrith de ghabhair shléibhe sa 17ú haois a chuir muintir na háite ar an eolas i leith ionsaí ó fhórsaí Chromail.

CAHERSIVEEN   *Marina at Cahersiveen*

Railway Bridge at Cahersiveen

The Old Barracks, Cahersiveen

Flying by at Cahersiveen

CAHERSIVEEN

Ballycarbery Castle, Cahersiveen

White Strand, Cahersiveen

Cahersiveen

CAHERSIVEEN

Dancing seaweed

Coonomanna Harbour

COONOMANNA HARBOUR

KELLS BAY

Kells Bay Gardens

Kells Bay Gardens

KELLS BAY

ROSSBEIGH

Horsing around!

Horse trekking on Rossbeigh Beach

ROSSBEIGH

Rossbeigh Beach

Sean St Ledger, Sean French, Emma St Ledger and Darragh French running down the sand dunes in Rossbeigh, Co. Kerry.

ROSSBEIGH

ROSSBEIGH   *View of Rossbeigh Beach*

GLENBEIGH

Dusk at Kilnabrack Lower, Glengbeigh, overlooking Rossbeigh Creek

Ross Castle

TRENAMANAGH   *View from Trenamanagh over Glenbeigh and Rossbeigh*

Glenbeigh   *Dooks Golf Links, Glenbeigh*

CROMANE

Meadow views across Cromane

Island Point, Cromane

CROMANE

CROMANE

Cromane Peninsula

Ballykissane, Killorglin

KILLORGLIN

KILLORGLIN

Puck Fair, Killorglin

Preparing for the fair

Caoimhe Foley at Puck Fair

All dressed-up for Puck Fair

Puck Fair, Killorglin

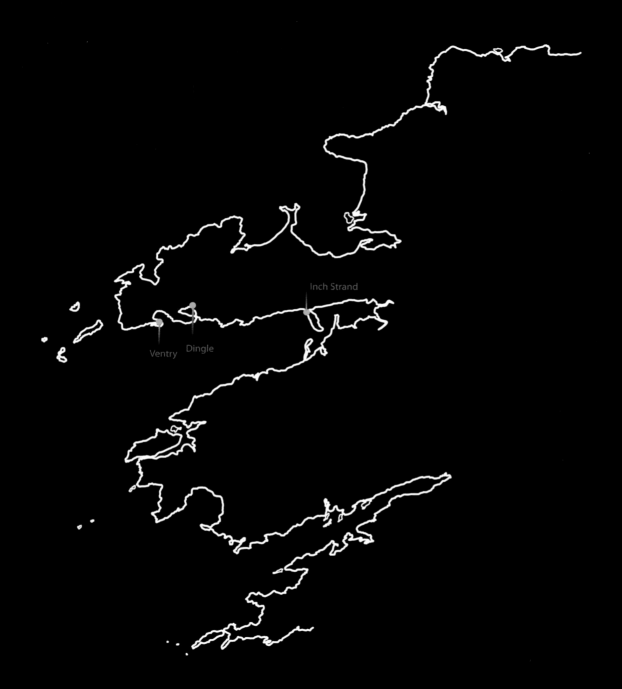

Inch Strand and beyond...

National Geographic magazine once described the Dingle Peninsula as the most beautiful place on earth. The southern side of the peninsula begins where the River Maine meet the sea at Castlemain Harbour which is the name given to the inner section of Dingle Bay. Once you turn to head west there is an immediate feeling that the vista that is unfolding ahead is going to be special.

The Slieve Mish Mountains that are the spine of the Dingle Peninsula roll gently down to meet the sea until Inch Strand. The beach is a sand spit jutting into the bay and separates Castlemain Harbour from the outer Dingle Bay and the broad Atlantic Ocean. The beach scenes of David Leen's film, "Ryan's Daughter" were shot here.

The famous town of Dingle lies snug within Dingle Harbour further west along the coast. The proper Irish name for Dingle is Daingean Uí Chúis. Prior to the making of "Ryan's Daughter" in 1969, farming and fishing were the chief industries of Dingle. Since then, tourism has increased significantly in importance. Chief among the tourist attractions is Fungie the dolphin. Fungie took up residence in Dingle Harbour in the 1980s and has provided years of entertainment for thousands of visitors since.

Other highpoints of the tourist season are the Dingle races and the Dingle Regatta both of which are held every August. Each December 26th the residents of Dingle rise from the beds at 6am and take to the street in fancy dress. This ancient tradition which was once celebrated throughout Ireland it is called Lá na Dreoilín or the Day of the Wren. Traditionally a wren was captured and killed, now-a-days a replica is used and the participants confine themselves to playing music, song and revelry.

Ventry or Ceann Trá is a small harbour four miles west of Dingle. It is nestled at the foot of Mount Eagle or Sliabh an Iolair. The western slopes of Sliabh an Iolair stop abruptly and become Slea Head; the most western point of Ireland.

De réir tuairisc amháin sa National Geographic is é Leithinis an Daingin an áit is áille ar domhan. Tosaíonn deisceart na leithinise áit a shníonn Abhainn na Mainge chun farraige ag Cuan Chaisleán na Mainge, a tugtar ar an gcuid lárnach de Bhá an Daingin. Nuair a chasann tú i dtreo an iarthair bíonn a fhios agat láithreach bonn go bhfuil rud éigin speisialta i ndán duit.

Buaileann Sliabh Mis, atá mar chroílár Leithinis an Daingin, leis an bhfarraige ag Trá Inse. Gob gainimh ag síneadh amach sa bhá é an trá seo a scarann Cuan Chaisleán na Mainge ó Bhá an Daingin agus an tAtlantach mór fairsing. Is anseo a taifeadadh radhairc trá den scannán de chuid David Leen, "Ryan's Daughter".

Tá baile cáiliúil an Daingin suite go socair seascair i gCuan an Daingin níos sia siar le cósta. Is é an t-ainm oifigiúil Gaeilge atá ar an mbaile seo ná Daingean Uí Chúis. Sula ndearnadh "Ryans Daughter" sa bhliain 1969, ba iad feirmeoireacht agus iascaireacht na tionscail ba thábhachtaí sa Daingean. Ó shin i leith tá méadú suntasach tagtha ar an tábhacht a bhaineann leis an turasóireacht. I measc na nithe is díol spéise do thurasóirí sa cheantar tá an deilf cháiliúil Fungie. Tá Fungie ag snámh siar agus aniar le hais Bá an Daingin ó na 1980aidí i leith agus tagann na céadta turasóirí chuig an gceantar gach bliain chun an deilf cháiliúil seo a fheiceáil.

I measc buaicphointí eile an tséasúir turasóireachta tá Rásaí an Daingin agus Regatta an Daingin a bhíonn ar siúl i mí Lúnasa. Ar an 26ú Nollaig gach bliain éiríonn muintir an Daingin le héirí na gréine agus tugann siad aghaidh ar na sráideanna i gcultacha bréige. Bhí tráth ann nuair a ceiliúradh an traidisiún ársa seo ar a dtugtar Lá an Dreoilín ar fud na hÉireann ar fad. An nós a bhí ann ná breith ar dhreoilín agus é a mharú. Sa lá atá inniu ann úsáidtear dreoilín bréagach agus is ar an gceol agus ar an gcraic a bhíonn muintir na háite dírithe.

Cuan beag é Ceann Trá atá suite ceithre mhíle siar ón Daingean. Tá sé suite go seascair ag bun Shliabh an Iolair. Ansin gan choinne téann fánaí iartharacha Shliabh an Iolair as radharc agus Ceann Sléibhe a bhíonn le feiceáil; an pointe is sia siar in Éirinn.

INCH STRAND

DINGLE   *Dingle Harbour*

It's a sheep's life!

Dusk at Sybil Point

BALLYFERRITER

Béal Bán Races, Ballyferriter

A day at the races. Béal Bán, Ballyferriter

BALLYFERRITER

Gallarus Oratory

Kilmaceadar Church

BALLYFERRITER

BALLYFERRITER   *View overlooking Smerwick Harbour*

BALLYFERRITER

Tráigh an Fhíona, Ballyferriter

Ballydavid Beach

BALLYDAVID

BALLYDAVID

Ballydavid Beach

Having a laugh!

SMERWICK HARBOUR

All's calm...

SMERWICK HARBOUR

SMERWICK HARBOUR

Fisherman Seanin Johnson

Lobster potting in Smerwick Harbour

FEOHANAGH

Sun goes down in Feohanagh

Dooneen Pier, Feohanagh

FEOHANAGH

BRANDON CREEK

The end of another day in Brandon Creek

Pedlars Lake, the Conor Pass

THE CONOR PASS

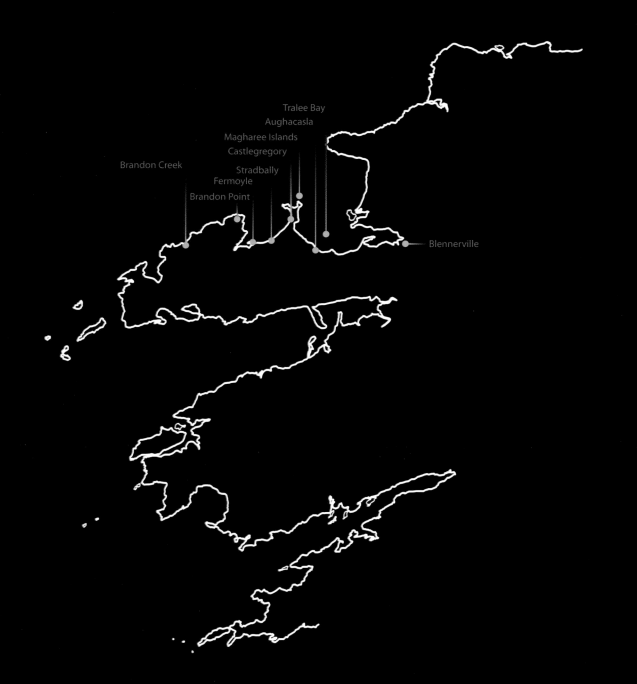

Brandon Creek

Fermoyle

Brandon Point

Stradbally

Castlegregory

Magharee Islands

Aughacasla

Tralee Bay

Blennerville

CÉ BHRÉANAINN AGUS NÍOS SIA AR AGHAIDH
BRANDON & BEYOND

Mount Brandon is the highest peak of the Slieve Mish Mountains, and Ireland's second highest mountain at 3,127 ft (951m). The mountain is closely associated with St Brendan, Kerry's patron saint and is known as St.Brendan's Mountain, Cnoc Brennain in Irish.

Below the eastern slopes of Cnoc Brennain is the remote village of Brandon with its fine views of Brandon Point. The climate on this leeward side is often very different from the Slea Head/Dunquin side which has been ravaged by Atlantic gales for thousands of years. In this sheltered climate a rich and varied flora and fauna has evolved.

The next village, Cloghane or An Cloghán, is situated at the beginning of longest beach in Ireland. It is ideal for surfing, horse-riding and shore fishing. The village of Castlegregory can be found along this stretch in an area known as the Maharees, and nearby Lough Gill is an important breeding ground and home to the rare Natterjack Toad, as well as the migratory Bewick, Mute and Whooper swans.

The Maharee Islands, which are also known as the Seven Hogs, lie off the coast to the north of Castlegregory. A monastic site, comprising of beehive huts and the ruins of an old church, is located on Illauntannig, the largest of the islands. Cattle are also grazed there during the summer months.

Near Tralee, Blennerville is the northern gateway to the Dingle peninsula. From here in famine times many people left for America on the emigrant ships that sailed from the pier adjacent to the windmill. Blennerville Windmill is a tower mill. It was built by Sir Rowland Blennerhassett in 1800, but by 1846 had fallen into ruins. In 1981 the Tralee Urban Council purchased the windmill and has developed it as a tourist attraction. There is now a steam train running between Blennerville and Tralee.

Is é Cnoc Bréanainn an bhinn is airde i measc Shliabh Mis, agus é mar an dara sliabh is airde in Éirinn ag 3,127 troigh (951m) ar airde. Tá dlúthnasc idir an sliabh seo agus Naomh Breandáin, éarlamh Chiarraí agus sin é an chúis go dtugtar Cnoc Bréanainn air.

Faoi bhun na bhfánaí ag oirthear Chnoc Bréanainn tá sráidbhaile iargúlta Ché Bhréanainn áit a bhfuil radhairc bhreátha de Shrón Bhroin. Tá aeráid iomlán difriúil le fáil ar thaobh na fothana le hais mar atá ar thaobh Cheann Sléibhe/Dún Chaoin, áit a bhfuil gálaí móra an Atlantaigh ag réabadh agus ag scriosadh leis na mílte bliain anuas. D'fheil an timpeallacht faoi fhothain d'fhorbairt flóra agus fána thar a bheith éagsúil.

Is é An Clochán an chéad bhaile eile atá suite san áit a thosaíonn an trá is faide in Éirinn. Bíonn an-tóir ag lucht surfála, marcaíochta capall agus daoine ar breá leo a bheith ag iascaireacht cois cladaigh ar an áit seo. Tá Caisleán Ghriaire suite anseo freisin i gceantar ar a dtugtar na Machairí, agus is láthair síolraithe thábhachtach é Loch Gile don chnádán, d'Ealaí Bewick, d'Ealaí Balbha agus d'Ealaí Glóracha aistreáin.

Tá Oileáin an Mhachaire suite díreach amach ón gcósta ó thuaidh ó Chaisleán Ghriaire. Is láthair mainistreach é seo, ina bhfuil clocháin choirceogacha agus fothraigh seaneaglaise, atá suite ar Oileán tSeannaigh, an t-oileán is mó ina measc. Bíonn eallaí ar féarach ann i rith an tsamhraidh chomh maith.

Is é Cathair Uí Mhóráin, atá suite in aice le Trá Lí, an tslí isteach chuig leithinis an Daingin ón tuaisceart. I rith ama an Ghorta d'fhág go leor daoine an áit seo chun aghaidh a thabhairt ar Mheiriceá ar na longa a d'fhág ón gcé taobh leis an muileann gaoithe. Is túrmhuileann é Muileann Gaoithe Chathair Uí Mhóráin. Ba é Sir Rowland Blennerhassett a thóg é sa bhliain 1800, ach ní raibh ann ach fothrach faoin mbliain 1846. Sa bhliain 1981 cheannaigh Comhairle Baile Thrá Lí an muileann gaoithe agus tá sé forbartha anois mar ghné turasóireachta. Tá traein gaile anois á rith idir Cathair Uí Mhóráin agus Trá Lí.

Blue waters, Magharee Islands

AUGHACASLA

Aughacasla Strand

The orange mombretia line the roads to Derrymore Strand

Blennerville Windmill

Ted Sheehan doing a spot of fishing

BLENNERVILLE

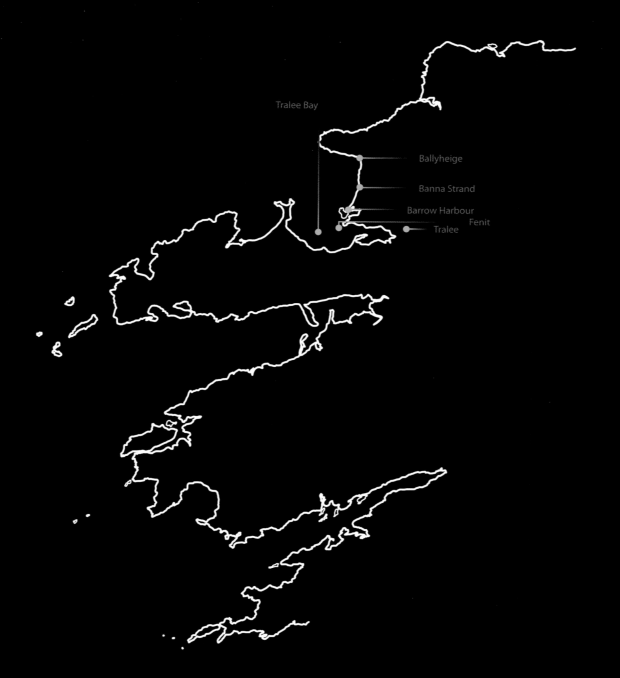

Tralee Bay

Ballyheige

Banna Strand

Barrow Harbour

Fenit

Tralee

TRALEE & BEYOND

The town of Tralee is the administrative capital of Kerry. It was founded in the 13th century by the Anglo Normans and was granted to Edward Denny by Elizabeth I in 1587 and recognised by royal charter in 1613.

Tralee is the home of the international Rose of Tralee Festival. The festival is based on the love song, The Rose of Tralee, by William Mulchinock, a 19th century wealthy merchant who was in love with Mary O'Connor, his maid. Mary was born in Broguemaker's Lane in Tralee. When William first saw Mary he fell in love with her, but because of the difference in social class between the two families their love affair was discouraged. William emigrated, and some years later returned to Tralee only to find Mary had died. He was broken hearted and expressed his love for her in the words of the song.

The first Festival in 1959 had Roses representing Tralee, London, Dublin, Birmingham and New York. Originally, each Rose had to be a native of Tralee, but this condition was relaxed, and in 1967 "Irish birth or ancestry" became the criterion.

Fenit is located approximately 12 km from the centre of Tralee town. It is a mixed function sea port, where fishing, commercial shipping, and a 136-berth marina are the main forms of business.

Banna Strand, is situated north of Fenit in Tralee Bay. It is an Atlantic Ocean beach extending from Barrow Beach at its southern edge to Ballyheige Beach at the Black Rock in the North. It features sand dunes along its entire length which rise up to 12 metres.

Ballyheige is a coastal village with a vibrant summer tourist trade. It is situated at the northern end of Banna Strand at the beginning of the Kerry Head Peninsula.

Is é baile Thrá Lí príomhbhaile riaracháin Chiarraí. Bhunaigh na hAngla-Normannaigh é sa 13ú haois agus sa bhliain 1587 bhronn Eilís I ar Edward Denny é agus d'aithin cairt ríoga é i 1613.

Is é Trá Lí baile dhúchais na Féile idirnáisiúnta Rós Thrá Lí. Tá an fhéile bunaithe ar an amhrán grá, The Rose of Tralee, de chuid William Mulchinock, ceannaí saibhir na 19ú haoise a bhí i ngrá le Mary O'Connor, a chailín aimsire. Rugadh Mary i Lána Broguemaker i dTrá Lí. Nuair a leag William a shúile ar Mary don chéad uair thit sé i ngrá léi, ach toisc gur tháinig an bheirt acu ó theaghlaigh as aicmí sóisialta difriúla rinneadh an gaol grá eatarthu a dhíspreagadh. Chuaigh William ar eisimirce, agus roinnt blianta ina dhiaidh sin d'fhill sé ar Thrá Lí ach fuair sé amach go raibh Mary tar éis bás a fháil. Bhí sé croí-bhriste agus chuir sé an grá a bhí aige di in iúl i bhfocail an amhráin.

Sa chéad Fhéile i 1959 bhí Róis ann mar ionadaithe do Thrá Lí, Londain, Baile Átha Cliath, Birmingham agus Nua Eabhrach. Ag an tús, níorbh fholáir do gach Rós teacht ó Thrá Lí ó dhúchas, ach níor cloíodh leis an gcoinníoll seo, agus i 1967 glacadh le "breith nó sinsearacht Éireannach" mar chritéar.

Tá Fianait suite thart ar 12 ciliméadar ó lár bhaile Thrá Lí. Is calafort farraige le meascán feidhmeanna é, áit ina bhfuil iascaireacht, loingseoireacht tráchtála, agus muiríne 136-bheart mar phríomh-fhoirmeacha gnó.

Tá Trá na Beannaí suite ó thuaidh ó Fhianait i mBá Thrá Lí. Is trá an Aigéin Atlantaigh í a théann amach ó Thrá an Bhearrúin ar an taobh theas go dtí Trá Bhaile Uí Thaidhg ar an gCarraig Dhubh ó Thuaidh. Tá dumhacha le hais na trá ar fad agus éiríonn siad suas le 12 méadar in airde.

Is sráidbhaile cósta é Baile Uí Thaidhg agus tá trádáil turasóireachta samhraidh bheoga ann. Tá sé suite ar an taobh thuaidh de Thrá na Beannaí ag tosach Leithinis Cheann Chiarraí.

ROSE OF TRALEE   *The grand entrance*   *In the spotlight*

And the winner is...

ROSE OF TRALEE

ROSE OF TRALEE   *The stars are out in the Festival Dome!*

FENIT

Fenit Lifeboat Station

Kevin T. Honeyman, Fenit RNLI

TRALEE BAY

ICRA Championships, Tralee Bay Sailing Club

An elaborate display of colour

BARROW

Barrow Harbour

The dunes at Banna Strand

BANNA STRAND

BANNA STRAND

Fun in the sun on Banna Strand

Scenes from the Black Rock at Banna Strand

BANNA STRAND

BALLYHEIGE

Ballyheige in the evening sun

Ballyheige Town

BALLYHEIGE

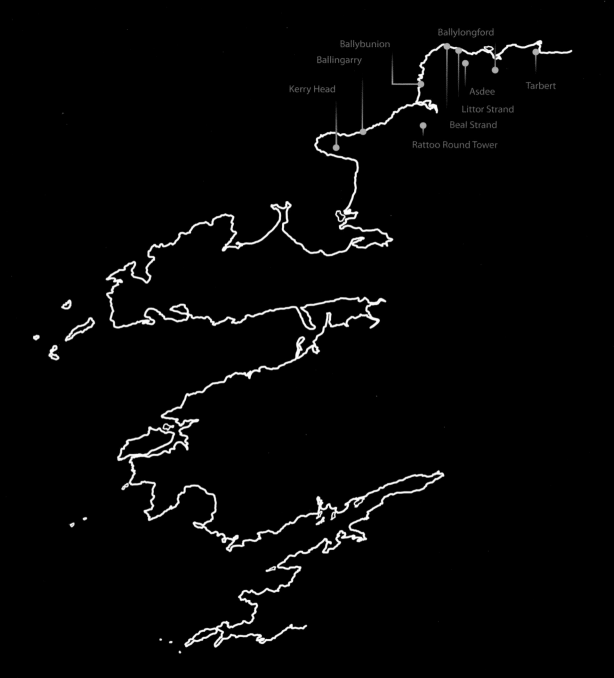

Ballylongford

Ballybunion

Ballingarry

Kerry Head

Tarbert

Asdee

Littor Strand

Beal Strand

Rattoo Round Tower

KERRY HEAD & BEYOND

The Kerry Head Peninsula, at 11km is the most northerly and smallest of the Kerry Peninsulas.

Rattoo Round Tower is north of Kerry Head, near the village of Ballyduff which is believed to have been founded by the Bishop Lughach, one of the first Christian evangelists in Kerry. The round tower, circa 1100, is well preserved and the roof has been restored. A sheela-na-gig is carved on the north window, facing into the inside of the tower. These were ugly, explicit carvings of females which were often placed on the walls of churches and castles as protective symbols.

Further up the coast, at the mouth of the River Shannon, is the town of Ballybunion (Baile an Bhunneanaibhgh) The village of Ballybunion was the site of the first transatlantic telephone transmission made from the Marconi wireless station in 1919 to Louisbourg, Cape Breton Nova Scotia by W. T. Ditcham a Marconi Engineer.

Ballybunion is steeped in a long history stretching back to the 14th century when the castle which forms the focal point of the village was built by the Geraldines. The castle was acquired from the Geraldines by the Bunyan family from which the village of Ballybunion derives its name. The castle was lost a year later (1583) by William Bunyan for the role he played in the Desmond rebellion. It has been in the care of the Office of Public Works since 1923.

Ballybunion is home to the Ballybunion Golf Club, a world renowned golf links that is ranked in the top ten golf courses in the world. The original golf course is over 100 years old. President Bill Clinton of the United States of America played golf here in 1999.

The waters and surrounding countryside of this picturesque area have won the European Blue Flag award. This award is an acknowledgment by the European Union to regions that achieve a standard of water quality that is free of pollution.

Carrigafoyle Castle is situated at the mouth of the Ballylongford Creek, which is a tidal estuary of the River Shannon. It is ingeniously located between high and low tide. What stands now is a large tower built towards the end of the 15th century by the O'Connors of Kerry.

The journey ends at Tarbert or Tairbeart. The name is derived from an Old Norse term meaning "draw-boat". There is a car ferry crossing between North Kerry and Killimer in County Clare based here. The 20 minute journey saves nearly 130 km of road travel and has become a key part of the west of Ireland tourist trail. The final photograph of our fascinating journey shows the ferry leaving the coast of Kerry on its short trip north to County Clare.

Le fad 11 ciliméadar aici, is í Leithinis Cheann Chiarraí an leithinis is lú agus is faide ó thuaidh de chuid Leithinsí Chiarraí.

Tá Cloigtheach Ráth Tuaidh suite ó thuaidh ó Cheann Chiarraí, in aice le sráidbhaile An Bhaile Dhuibh, agus creidtear gurbh é an tEaspag Lughach, duine de chéad soiscéalaithe na Críostaíochta i gCiarraí, a bhunaigh é. Tá an cloigtheach, circa 1100, caomhnaithe go maith agus táthar tar éis an díon a athchóiriú. Tá síle na gcíoch snoite ar an bhfuinneog thuaidh, í ag féachaint isteach sa túr. Ba iad seo snoiteáin ghránna, gháirsiúla de bhaineannaigh a cuireadh go minic ar bhallaí séipéal agus caisleán mar shiombail chosanta.

Níos faide suas an chósta, ag béal abhainn na Sionainne, tá sráidbhaile Bhaile an Bhunánaigh (Baile an Bhunneanaibhgh). Ba é sráidbhaile Bhaile an Bhunánaigh lonnaíocht an chéad tarchuir ghutháin thrasatlantaigh a rinne W.T. Ditchcam, Innealtóir Marconi, ó stáisiún raidió Marconi sa bhliain 1919 chuig Louisbourg, Cape Breton na hAlban Nua.

Tá stair fhada ag Baile an Bhunánaigh ag dul siar go déanach sa 14ú haois nuair a thóg na Gearaltaigh an caisleán atá mar phointe fócasach an tsráidbhaile. Fuair an teaghlach Bunyan, óna bhfaigheann an sráidbhaile a ainm, an caisleán ó na Gearaltaigh. Chaill William Bunyan an caisleán bliain ina dhiaidh sin (1583) mar thoradh ar an ról a bhi aige in éirí amach Deasmhumhain. Tá sé faoi chúram Oifig na nOibreacha Poiblí ó 1923 i leith. Tá Baile an Bhunánaigh mar bhaile do Chlub Gailf Bhaile an Bhunánaigh, machaire gailf le clú mórthimpeall an domhain atá rangaithe sna deich gcúrsa gailf is fearr ar fud na cruinne. Tá an cúrsa gailf bunaidh os cionn 100 bliain d'aois. D'imir an tUachtarán Bill Clinton ó Stáit Aontaithe Mheirceá galf anseo sa bhliain 1999.

Bhuaigh na huiscí agus an tuath mórthimpeall an cheantair phictiúrtha seo dámhachtain Eorpach an Bhrait Ghoirm. Tá an dámhachtain seo mar aitheantas ag an Aontas Eorpach i leith réigiún a bhaineann amach ardchaighdeán uisce atá saor ó thruailliú.

Tá Caisleán Charraig an Phoill suite ag béal Chuaisín Bhaile Átha Longfoirt, atá ina inbhear taoide d'Abhainn na Sionainne. Tá suíomh áisiúil aige idir thaoide ard agus íseal. Is é an rud atá ina sheasamh anois ná túr mór a thóg muintir Uí Chonchúir ó Chiarraí i dtreo dheireadh na 15ú haoise.

Tagann an turas chun críche ag Tairbeart, a fhaigheann a ainm ó sean-téarma Lochlannach a chiallaíonn "bád-tarraingthe". Tá bád farantóireachta a thrasnaíonn idir Ciarraí Thuaidh agus Cill Íomaí i gcontae an Chláir lonnaithe anseo. Gearrann an turas 20 nóiméad seo thart ar 130 ciliméadar taistil ar an mbóthar agus tá sé mar phríomh-chuid de bhealach turasóireachta iarthar na hÉireann. Léiríonn an grianghraf deireanach dár n-aistear tarraingteach an bád farantóireachta ag fágáil Chósta Chiarraí ar a thuras gearr ó thuaidh go Contae an Chláir.

Cottage on Kerry Head

THIS WELL IS NAMED AFTER ST. DAHILLAN, WHO IS REPUTED TO HAVE STRIKEN BLIND WOULD-BE DESPOILERS OF HER CONVENT. ON UNDERTAKING TO CEASE THEIR MOLESTATIONS, SHE TOLD THEM THAT TO REGAIN THEIR EYESIGHT THEY WERE TO BATHE THEIR EYES IN THIS WELL. THEY DID SO AND THEIR SIGHT WAS RESTORED. ACCORDING TO TRADITION THE WELL STILL RETAINS THIS MIRACULOUS QUALITY.

Ainmnítear an tobar seo le honóir Naoṁ
... a ṁeín dall iadson a ḃeartaiġ a
... a argain. D'Fógair sí
... is ortu a

Holy Well on Kerry Head

KERRY HEAD

KERRY HEAD

Ballingarry Island, Kerry Head

The wind blowing by...

RATTOO ROUND TOWER

Rattoo Round Tower

Rattoo Round Tower

RATTOO ROUND TOWER

BALLYBUNION GOLF COURSE

Nuns Beach, Ballybunion

BALLYBUNION

Ladies Beach, Ballybunion

Enjoying the waves...

BALLYBUNION

Noreen Heffernan at her seaside shop in Ballybunion

Seaside amusement, Ballybunion

Horses in Asdee

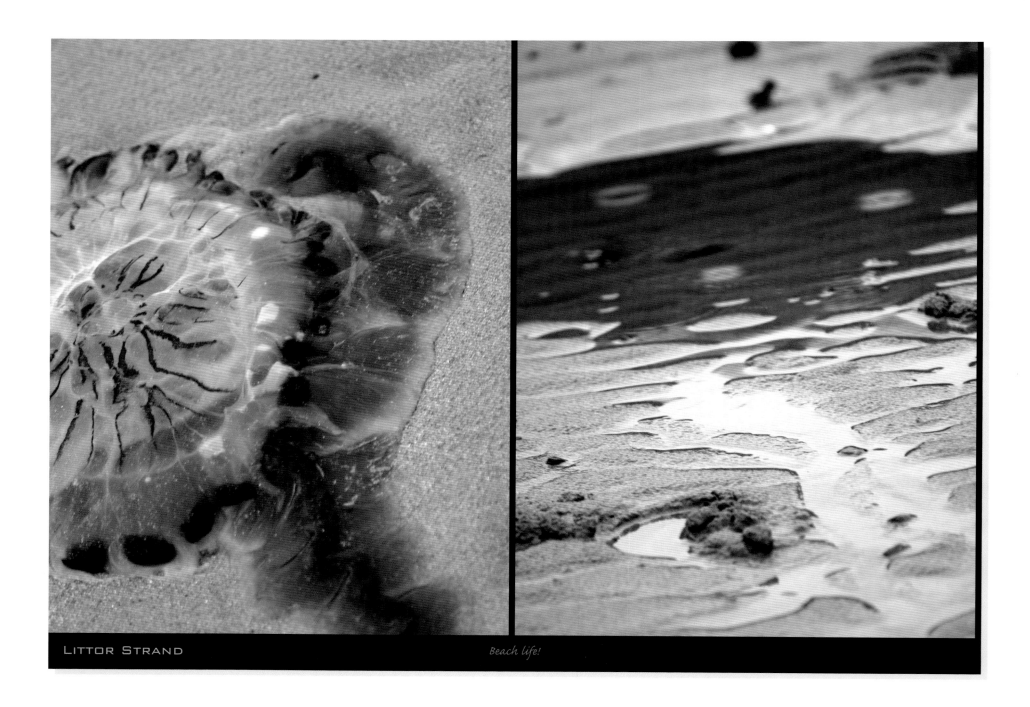

LITTOR STRAND

Beach life!

Taking it in his stride

Carrigafoyle Castle

Carrigafoyle Castle

BALLYLONGFORD

Saleen Pier, Ballylongford

Life whizzing by in Tarbert

TARBERT

The ferry from Tarbert on the River Shannon